AF188145

Impressum
Verlag: BABADADA GmbH, Nedderfeld 112 , 22529 Hamburg
Geschäftsführer / Verlagsleitung: Harald Hof
Druck: Books on Demand GmbH, In de Tarpen 42, 22848 Norderstedt

Imprint
Publisher: BABADADA GmbH, Nedderfeld 112 , 22529 Hamburg, Germany
Managing Director / Publishing direction: Harald Hof
Print: Books on Demand GmbH, In de Tarpen 42, 22848 Norderstedt

koulu

l'école

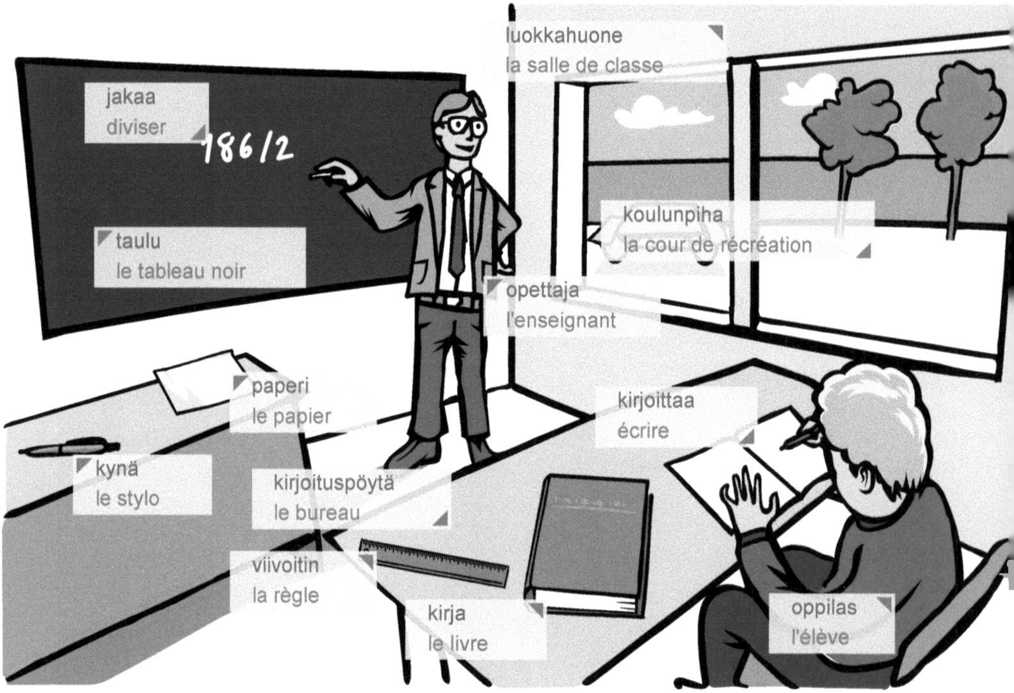
luokkahuone
la salle de classe
jakaa
diviser
186/2
taulu
le tableau noir
koulunpiha
la cour de récréation
opettaja
l'enseignant
paperi
le papier
kirjoittaa
écrire
kynä
le stylo
kirjoituspöytä
le bureau
viivoitin
la règle
kirja
le livre
oppilas
l'élève

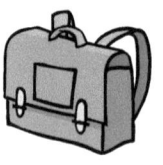

reppu

le sac d'école

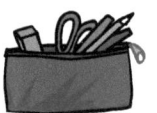

penaali

la trousse

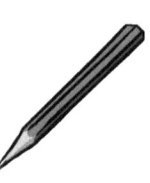

lyijykynä

le crayon

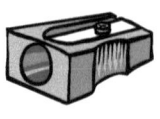

kynänteroitin

le taille-crayon

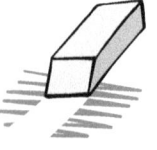

pyyhekumi

la gomme

piirustuslehtiö

le carnet à dessin

piirustus

le dessin

pensseli

le pinceau

vesivärit

la boîte de peinture

sakset

les ciseaux

liima

la colle

harjoituskirja

le cahier d'exercices

kotitehtävä

les tâches

luku

le chiffre

2+2

lisätä

additionner

5-2

vähentää

soustraire

2×2

kertoa

multiplier

laskea

calculer

A

kirjain

la lettre

ABCDEFG
HIJKLMN
OPQRSTU
VWXYZ

aakkoset

l'alphabet

sana

le mot

teksti

le texte

lukea

lire

liitu

la craie

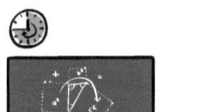

oppitunti

la leçon

opettajan muistikirja

le livre de classe

koe

l'examen

todistus

le certificat

koulupuku

l'uniforme scolaire

koulutus

la formation

sanakirja

le lexique

yliopisto

l'université

mikroskooppi

le microscope

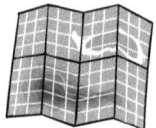

kartta

la carte

roskakori

la corbeille à papier

hotelli
l'hôtel

Grand

retkeilymaja
l'auberge

ROOMS

rahanvaihto
le bureau de change

EXCHANGE

matkalaukku
la valise

auto
la voiture

kieli

la langue

kyllä / ei

oui / non

selvä

d'accord

hei

Salut

tulkki

l'interprète

kiitos

merci

Paljonko...maksaa?

Combien coûte...?

en ymmärrä

Je ne comprends pas

ongelma

le problème

Hyvää iltaa!

Bonsoir!

Hyvää huomenta!

Bonjour!

Hyvää yötä!

Bonne nuit!

näkemiin

Au revoir

suunta

la direction

matkatavarat

les bagages

laukku

le sac

reppu

le sac-à-dos

vieras

l'hôte

huone

la pièce

makuupussi

le sac de couchage

teltta

la tente

turisti-info
l'office de tourisme

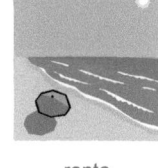

ranta
la plage

luottokortti
la carte de crédit

aamupala
le petit-déjeuner

lounas
le déjeuner

päivällinen
le dîner

matkalippu
le billet

hissi
l'ascenseur

postimerkki
le timbre

raja
la frontière

tulli
la douane

suurlähetystö
l'ambassade

viisumi
le visa

passi
le passeport

kuljetus
le transport

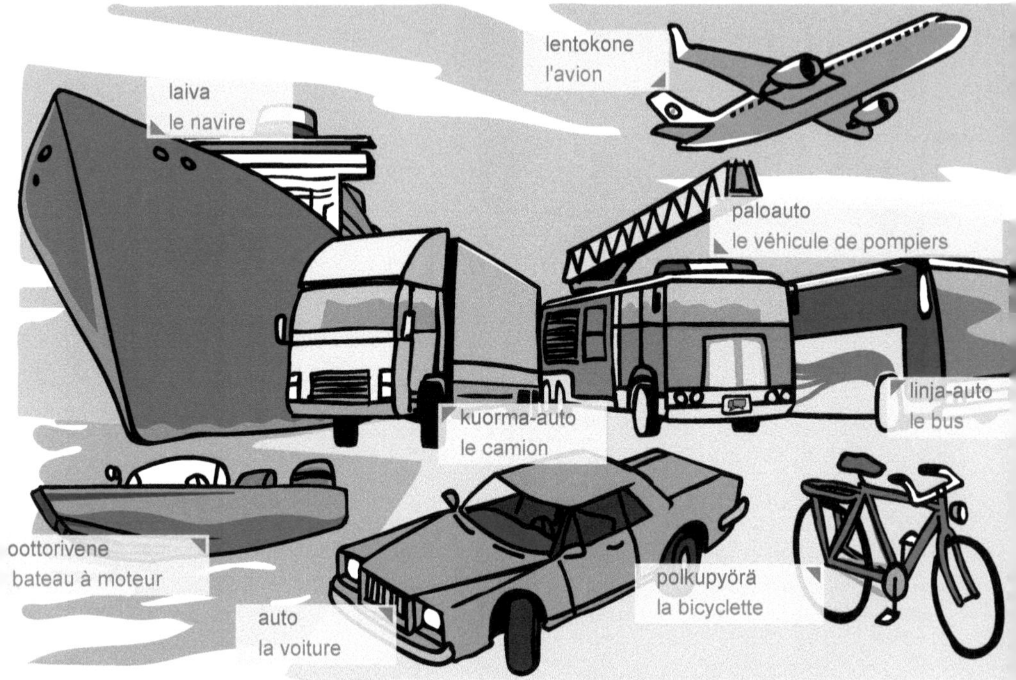
lentokone
l'avion
laiva
le navire
paloauto
le véhicule de pompiers
linja-auto
le bus
kuorma-auto
le camion
oottorivene
bateau à moteur
polkupyörä
la bicyclette
auto
la voiture

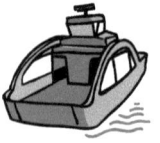

lautta

le ferry

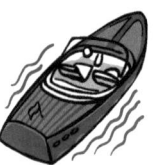

vene

la barque

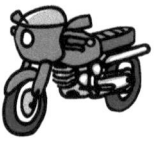

moottoripyörä

la moto

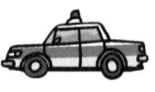

poliisiauto

la voiture de police

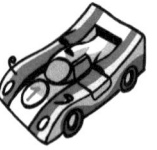

kilpa-auto

la voiture de course

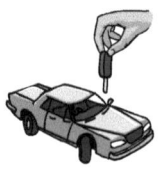

vuokra-auto

la voiture de location

car sharing

l'autopartage

hinausauto

la dépanneuse

roska-auto

la benne à ordures

moottori

le moteur

polttoaine

l'essence

huoltoasema

la station d'essence

liikennemerkki

le panneau indicateur

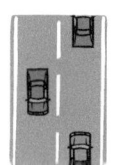

liikenne

le trafic

ruuhka

l'embouteillage

parkkipaikka

le parking

rautatieasema

la gare

raiteet

les rails

juna

le train

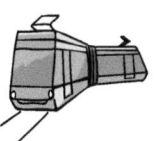

raitiovaunu

le tram

vaunu

le wagon

helikopteri

l'hélicoptère

lentokenttä

l'aéroport

lähilennonjohto

la tour

matkustaja

le passager

kontti

le container

pahvilaatikko

le carton

kärryt

le chariot

kori

la corbeille

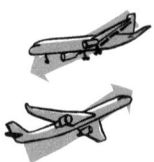

nousta / laskea

décoller / atterrir

kaupunki
la ville

kylä

le village

keskusta

le centre-ville

talo

la maison

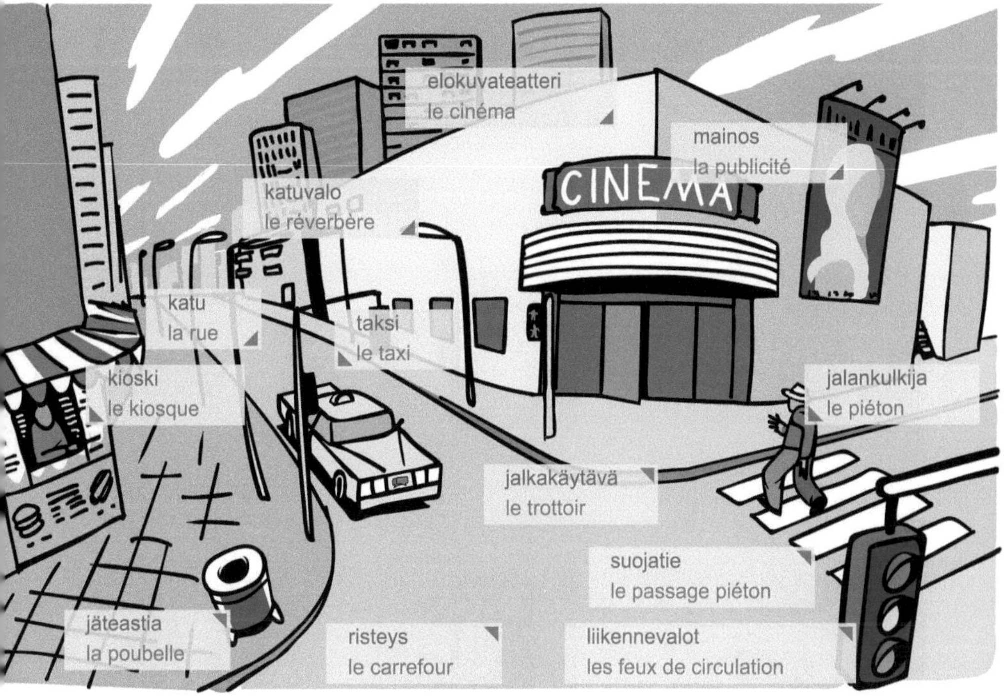

elokuvateatteri
le cinéma

mainos
la publicité

katuvalo
le réverbère

katu
la rue

taksi
le taxi

kioski
le kiosque

jalankulkija
le piéton

jalkakäytävä
le trottoir

suojatie
le passage piéton

jäteastia
la poubelle

risteys
le carrefour

liikennevalot
les feux de circulation

mökki
la cabane

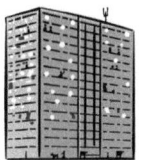

kerrostalo
l'appartement

rautatieasema
la gare

kaupungintalo
la mairie

museo
le musée

koulu
l'école

kaupunki - la ville

yliopisto
l'université

pankki
la banque

sairaala
l'hôpital

hotelli
l'hôtel

apteekki
la pharmacie

toimisto
le bureau

kirjakauppa
la librairie

liike
le magasin

kukkakauppa
le fleuriste

supermarketti
le supermarché

tori
le marché

tavaratalo
le grand magasin

kalakauppias
la poissonnerie

ostoskeskus
le centre commercial

satama
le port

puisto
le parc

penkki
la banque

silta
le pont

portaat
les escaliers

metro
le métro

tunneli
le tunnel

linja-autopysäkki
l'arrêt de bus

baari
le bar

ravintola
le restaurant

postilaatikko
la boîte à lettres

katukyltti
le panneau indicateur

parkkimittari
le parcomètre

eläintarha
le zoo

uimala
le réverbère

moskeija
la mosquée

maatila

la ferme

ympäristön saastuminen

la pollution

hautausmaa

le cimetière

kirkko

l'église

leikkikenttä

l'aire de jeux

temppeli

le temple

maisema
le paysage

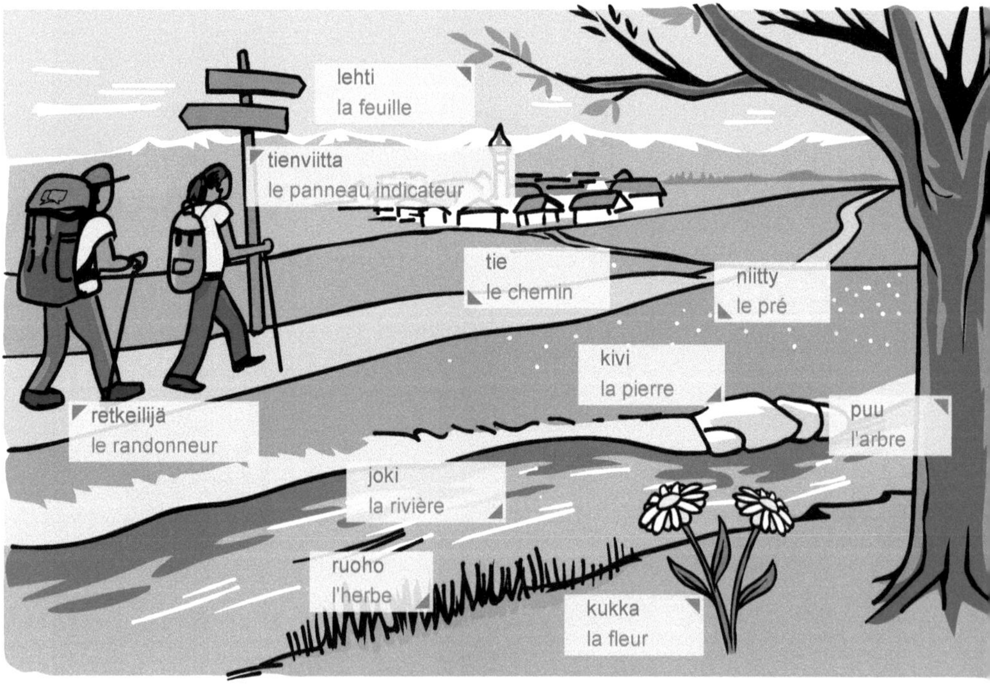

lehti
la feuille

tienviitta
le panneau indicateur

tie
le chemin

niitty
le pré

kivi
la pierre

retkeilijä
le randonneur

puu
l'arbre

joki
la rivière

ruoho
l'herbe

kukka
la fleur

laakso

la vallée

vuori

la montagne

järvi

le lac

metsä

la forêt

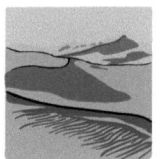

aavikko

le désert

tulivuori

le volcan

linna

le château

sateenkaari

l'arc-en-ciel

sieni

le champignon

palmu

le palmier

hyttynen

le moustique

kärpänen

la mouche

muurahainen

les fourmis

mehiläinen

l'abeille

hämähäkki

l'araignée

kovakuoriainen

le scarabée

sammakko

la grenouille

orava

l'écureuil

siili

le hérisson

jänis

le lapin

pöllö

la chouette

lintu

l'oiseau

joutsen

le cygne

villisika

le sanglier

peura

le cerf

hirvi

l'élan

pato

le barrage

tuulimylly

l'éolienne

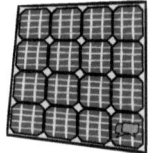

aurinkopaneeli

le panneau solaire

ilmasto

le climat

ravintola
le restaurant

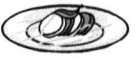

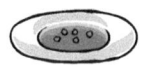

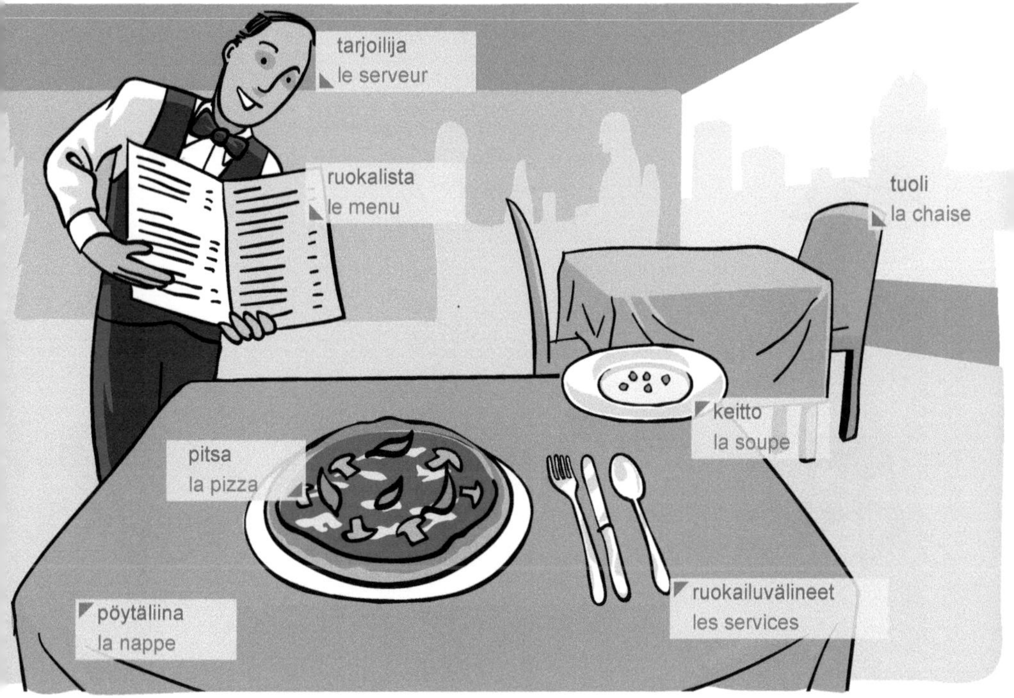

tarjoilija
le serveur
ruokalista
le menu
tuoli
la chaise
keitto
la soupe
pitsa
la pizza
pöytäliina
la nappe
ruokailuvälineet
les services

alkuruoka

les hors d'œuvre

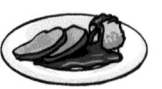

pääruoka

le plat principal

jälkiruoka

le dessert

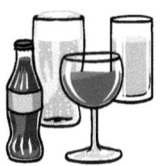

juomat

les boissons

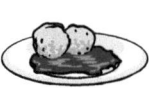

ruoka

l'alimentation

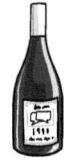

pullo

la bouteille

pikaruoka

le fast-food

katuruoka

les plats à emporter

teekannu

la théière

sokeriastia

le sucrier

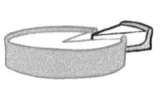

annos

la portion

espressokeitin

la machine à expresso

syöttötuoli

la chaise haute

lasku

la facture

tarjotin

le plateau

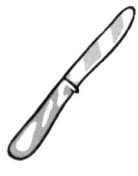

veitsi

le couteau

haarukka

la fourchette

lusikka

la cuillère

teelusikka

la cuillère à thé

servietti

la serviette

lasi

le verre

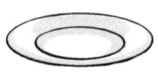

lautanen
l'assiette

syvä lautanen
l'assiette à soupe

aluslautanen
la soucoupe

kastike
la sauce

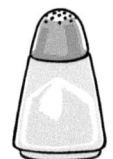

suolasirotin
la salière

pippurimylly
le moulin à poivre

etikka
le vinaigre

öljy
l'huile

mausteet
les épices

ketsuppi
le ketchup

sinappi
la moutarde

majoneesi
la mayonnaise

supermarketti
le supermarché

tarjous
l'offre promotionnelle
FOR
asiakas
le client
maitotuotteet
les produits laitiers
hedelmät
les fruits
ostoskärryt
le caddie

BUTCHERS

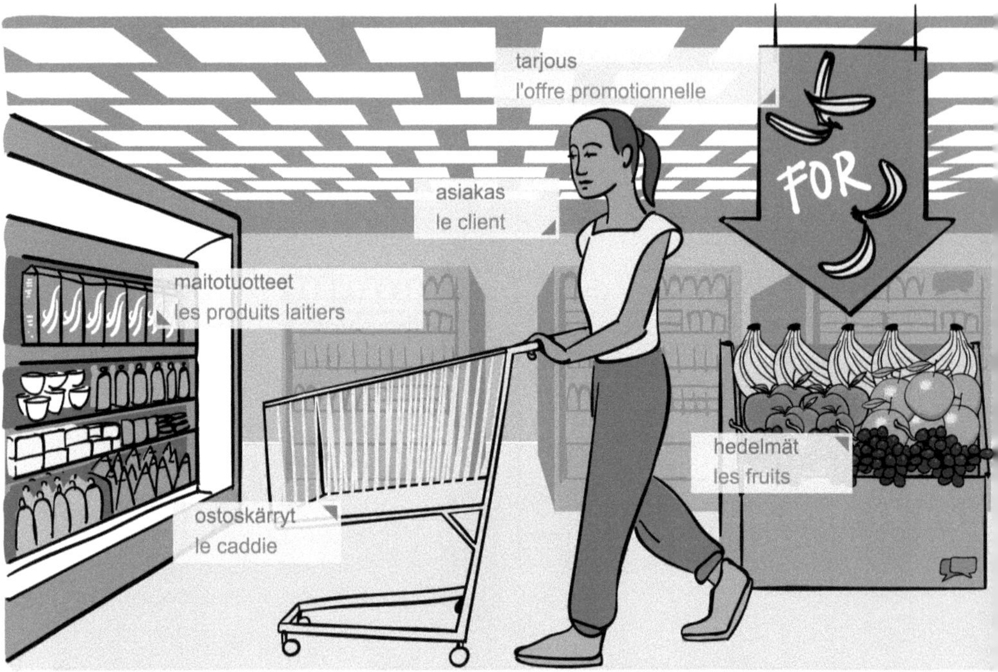

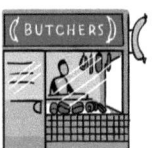

teurastamo

la boucherie

BAKERY

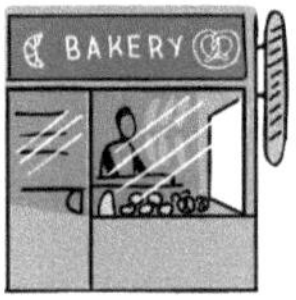

leipomo

la boulangerie

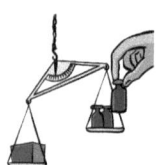

punnita

peser

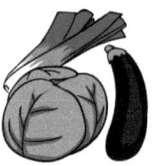

kasvikset

les légumes

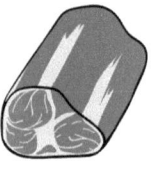

liha

la viande

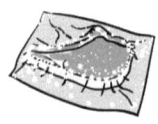

pakasteet

les aliments surgelés

leikkele

la charcuterie

säilykkeet

les conserves

pesujauhe

la poudre à lessive

makeiset

les bonbons

kotitaloustarvikkeet

les articles ménagers

puhdistusaineet

les détergents

myyjä

la vendeuse

kassa

la caisse

kassanhoitaja

le caissier

ostoslista

la liste d'achats

aukioloajat

les heures d'ouverture

lompakko

le portefeuille

luottokortti

la carte de crédit

kassi

le sac

muovipussi

le sac en plastique

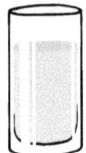

vesi

l'eau

mehu

le jus de fruit

maito

le lait

kokis

le coca

viini

le vin

olut

la bière

alkoholi

l'alcool

kaakao

le chocolat chaud

tee

le thé

kahvi

le café

espresso

l'expresso

cappuccino

le cappuccino

banaani

la banane

omena

la pomme

appelsiini

l'orange

meloni

le melon

sitruuna

le citron

porkkana

la carotte

valkosipuli

l'ail

bambu

le bambou

sipuli

l'oignon

sieni

le champignon

pähkinät

les noisettes

spagetti

les pâtes

spagetti

les spaghettis

riisi

le riz

salaatti

la salade

ranskalaiset

les frites

paistetut perunat

les pommes de terre rôties

pitsa

la pizza

hampurilainen

le hamburger

voileipä

le sandwich

leike

l'escalope

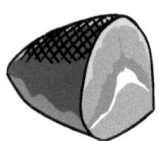

kinkku

le jambon

salami

le salami

makkara

la saucisse

kana

le poulet

paisti

le rôti

kala

le poisson

kaurahiutaleet

les flocons d'avoine

mysli

le muesli

murot

les cornflakes

jauho

la farine

voisarvi

le croissant

sämpylä

les petits-pains

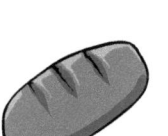

leipä

le pain

paahtoleipä

le pain grillé

keksit

les biscuits

voi

le beurre

rahka

le fromage blanc

kakku

le gâteau

kananmuna

l'œuf

paistettu kananmuna

l'œuf au plat

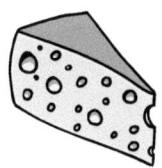

juusto

le fromage

jäätelö

la glace

sokeri

le sucre

hunaja

le miel

hillo

la confiture

suklaapähkinälevite

la crème nougat

curry

le curry

maatila
la ferme

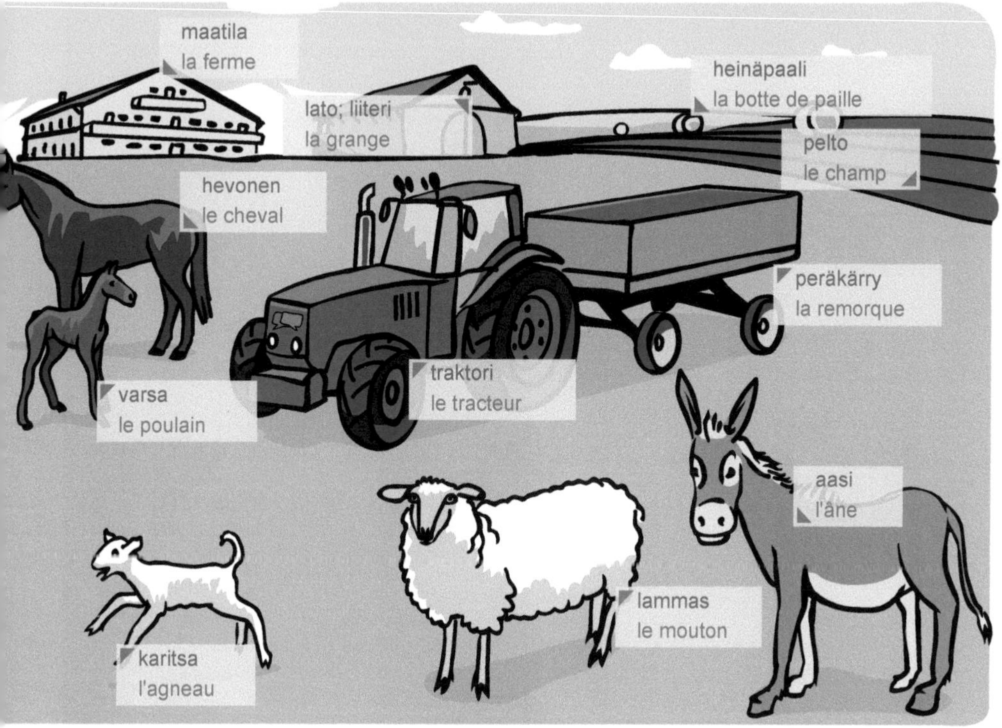
maatila
la ferme
lato; liiteri
la grange
heinäpaali
la botte de paille
pelto
le champ
hevonen
le cheval
peräkärry
la remorque
traktori
le tracteur
varsa
le poulain
aasi
l'âne
lammas
le mouton
karitsa
l'agneau

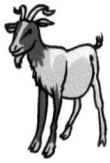

vuohi

la chèvre

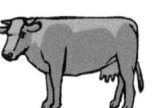

lehmä

la vache

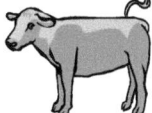

vasikka

le veau

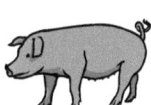

sika

le porc

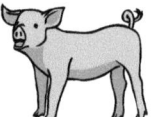

porsas

le porcelet

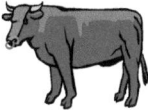

sonni

le taureau

hanhi

l'oie

ankka

le canard

tipu

le poussin

kana

la poule

kukko

le coq

rotta

le rat

kissa

le chat

hiiri

la souris

härkä

le bœuf

koira

le chien

koirankoppi

le chenil

puutarhaletku

le tuyau de jardin

kastelukannu

l'arrosoir

viikate

la faucheuse

aura

la charrue

sirppi

la faucille

kuokka

la pioche

talikko

la fourche

kirves

la hache

kottikärryt

la brouette

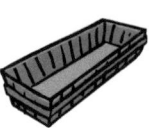

kaukalo

la cuve

maitokannu

le pot à lait

säkki

le sac

aita

la clôture

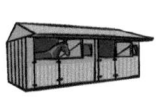

talli

l'étable

kasvihuone

la serre

maa

le sol

siemen

les semences

lannoite

l'engrais

leikkuupuimuri

la moissonneuse-batteuse

kerätä sato

récolter

sato

la récolte

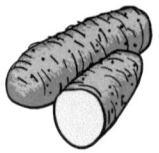

jamssit

l'igname

vehnä

le blé

soija

le soja

peruna

la pomme de terre

maissi

le maïs

rypsi

le colza

hedelmäpuu

l'arbre fruitier

maniokki

le manioc

vilja

les céréales

talo
la maison

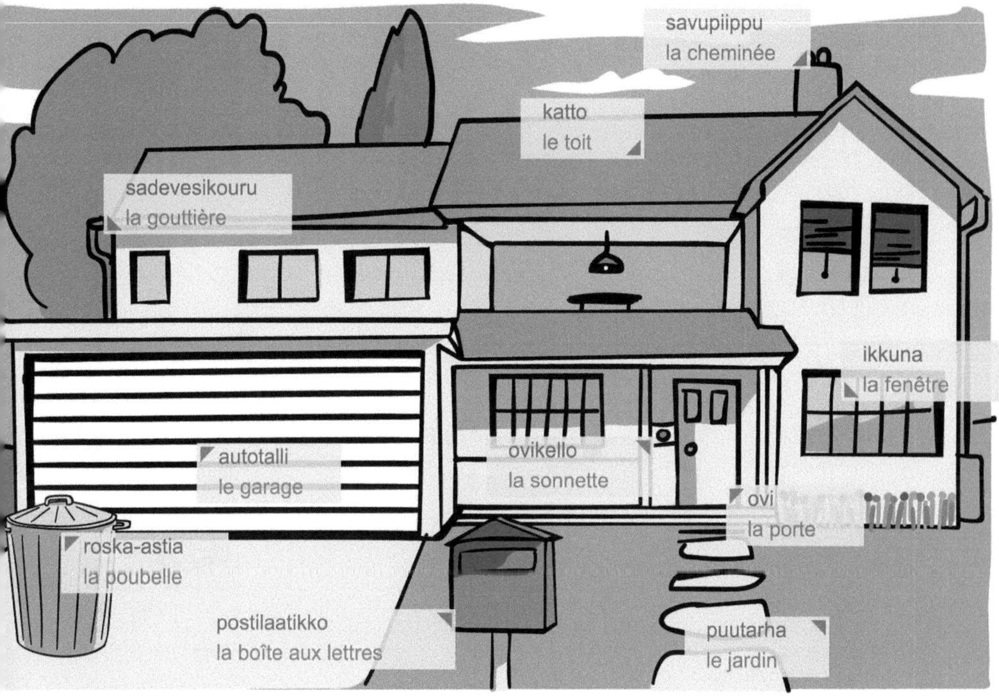

savupiippu
la cheminée
katto
le toit
sadevesikouru
la gouttière
ikkuna
la fenêtre
autotalli
le garage
ovikello
la sonnette
ovi
la porte
roska-astia
la poubelle
postilaatikko
la boîte aux lettres
puutarha
le jardin

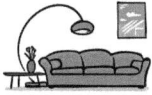

olohuone

le salon

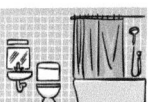

kylpyhuone

la chambre de bain

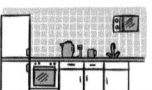

keittiö

la cuisine

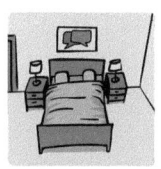

makuuhuone

la chambre à coucher

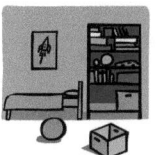

lastenhuone

la chambre d'enfant

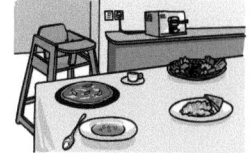

ruokahuone

la salle à manger

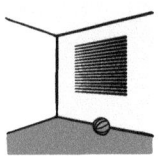

lattia
le sol

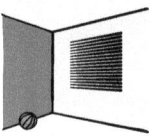

seinä
le mur

katto
le plafond

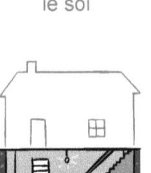

kellari
la cave

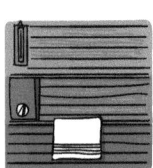

sauna
le sauna

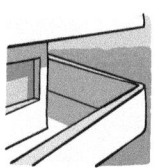

parveke
le balcon

terassi
la terrasse

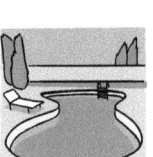

uima-allas
la piscine

ruohonleikkuri
la tondeuse à gazon

lakana
la fourre de duvet

päiväpeitto
la couette

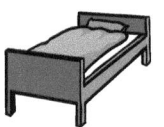

sänky
le lit

harja
le balai

ämpäri
le sceau

katkaisin
l'interrupteur

olohuone
le salon

tapetti
le papier peint
kuva
l'image
lamppu
la lampe
hylly
l'étagère
kaappi
l'armoire
televisio
la télé
takka
la cheminée
kukka
la fleur
tyyny
le coussin
sohva
le canapé
maljakko
le vase
kaukosäädin
la télécommande

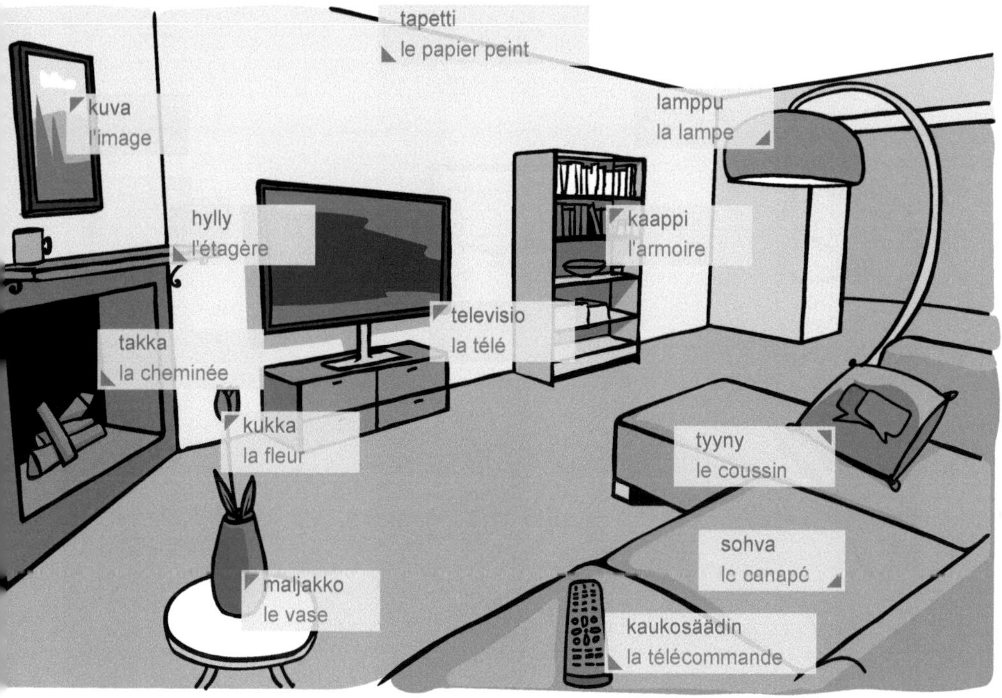

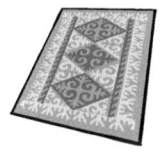

matto
le tapis

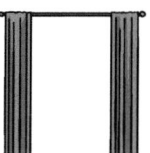

verho
le rideau

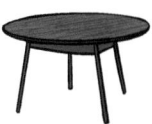

pöytä
la table

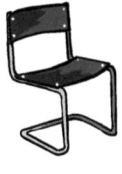

tuoli
la chaise

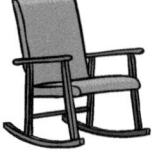

keinutuoli
la chaise à bascule

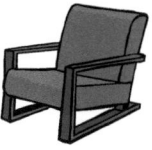

nojatuoli
le fauteuil

kirja

le livre

peitto

la couverture

koriste

la décoration

polttopuut

le bois de chauffage

elokuva

le film

stereot

la chaîne hi-fi

avain

la clé

sanomalehti

le journal

maalaus

la peinture

juliste

le poster

radio

la radio

muistivihko

le bloc-notes

pölynimuri

l'aspirateur

kaktus

le cactus

kynttilä

la bougie

keittiö
la cuisine

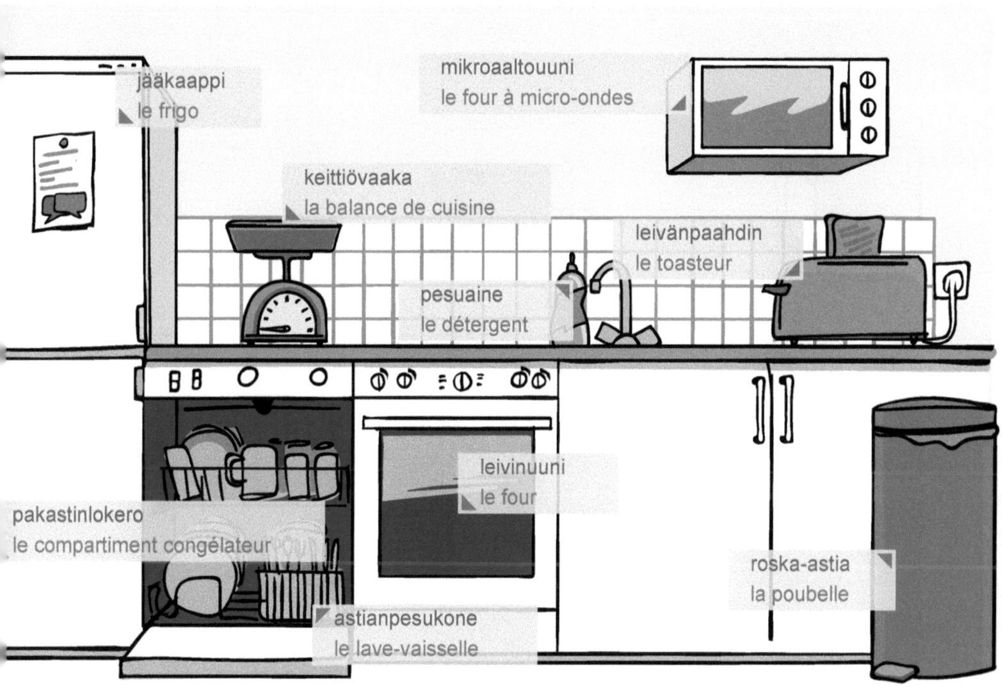
jääkaappi
le frigo
mikroaaltouuni
le four à micro-ondes
keittiövaaka
la balance de cuisine
leivänpaahdin
le toasteur
pesuaine
le détergent
leivinuuni
le four
pakastinlokero
le compartiment congélateur
roska-astia
la poubelle
astianpesukone
le lave-vaisselle

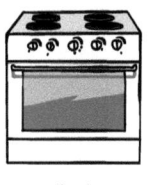

liesi

le four

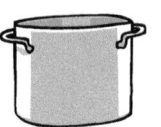

kattila

la casserole

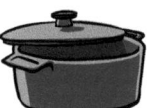

rautapata

la marmite

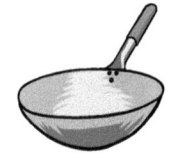

okkipannu / kadai-pannu

le wok/kadai

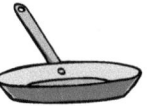

paistinpannu

la poêle

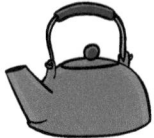

teepannu

la bouilloire électrique

höyrykeitin

le cuiseur vapeur

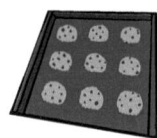

uunipelti

la plaque de cuisson

astiat

la vaisselle

muki

le gobelet

kulho

le bol

syömäpuikot

les baguettes

kauha

la louche

paistinlasta

la spatule

vispilä

le fouet

siivilä

la passoire

siivilä

le tamis

raastin

la râpe

mortteli

le mortier

grilli

le barbecue

avotuli

la cheminée

leikkuulauta
la planche à découper

kaulin
le rouleau à pâtisserie

korkinavaaja
le tire-bouchon

purkki
la boîte

purkinavaaja
l'ouvre-boîte

pannulappu
les maniques

lavuaari
le lavabo

tiskiharja
la brosse

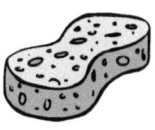

pesusieni
l'éponge

tehosekoitin
le mixeur

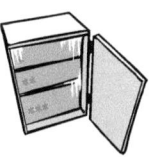

pakastin
le congélateur

tuttipullo
le biberon

vesihana
le robinet

kylpyhuone
la chambre de bain

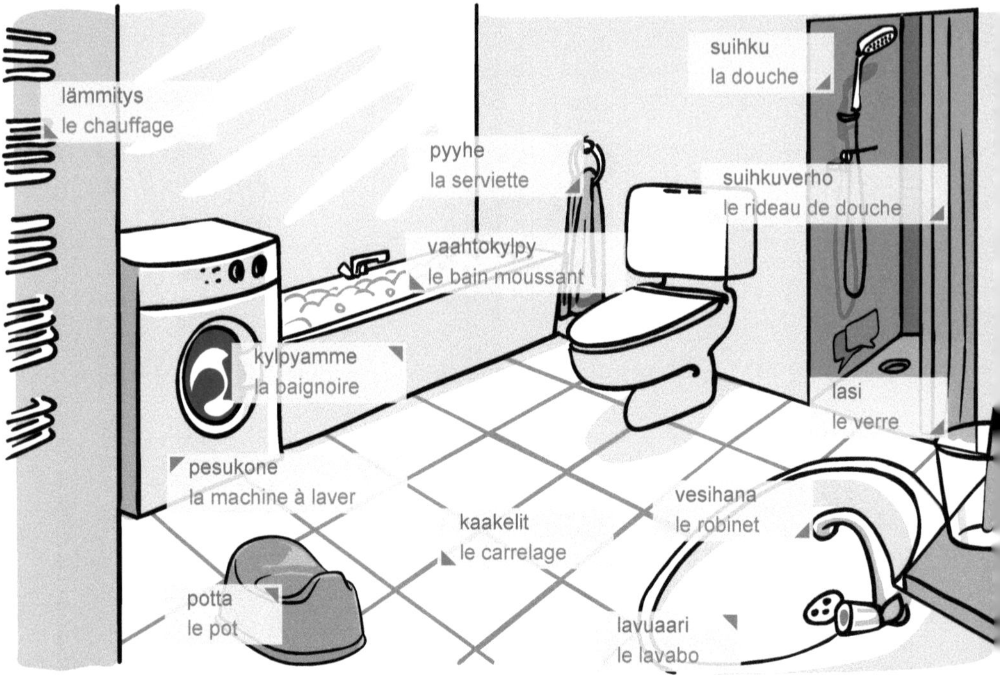

lämmitys
le chauffage
pyyhe
la serviette
suihku
la douche
suihkuverho
le rideau de douche
vaahtokylpy
le bain moussant
kylpyamme
la baignoire
lasi
le verre
pesukone
la machine à laver
vesihana
le robinet
kaakelit
le carrelage
potta
le pot
lavuaari
le lavabo

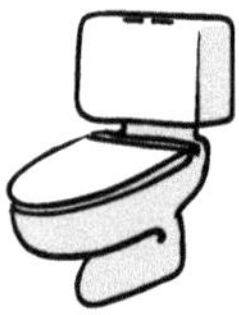

vessa

les toilettes

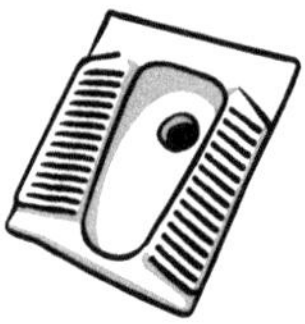

kyykkyvessa

la toilette à la turque

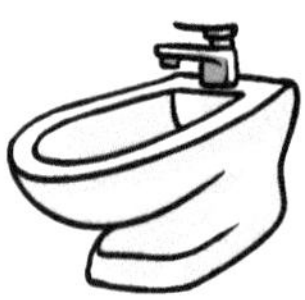

bidee

le bidet

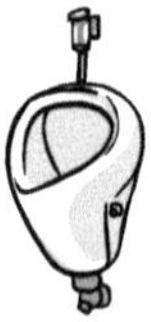

pisuaari

l'urinoir

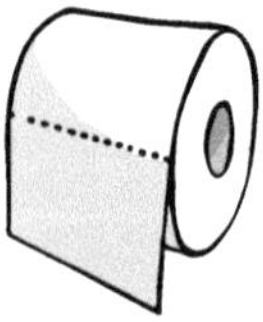

vessapaperi

le papier toilette

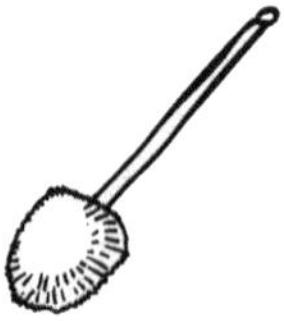

vessaharja

la brosse à toilette

hammasharja

la brosse à dents

hammastahna

le dentifrice

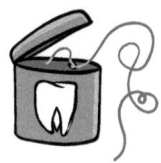

hammaslanka

le fil dentaire

pestä

laver

käsisuihku

la douche manuelle

intiimisuihku

la douche intime

pesuvati

la vasque

selkäharja

la brosse dorsale

saippua

le savon

suihkugeeli

le gel douche

shampoo

le shampooing

pesulappu

le gant de toilette

viemäri

l'écoulement

voide

la crème

deodorantti

le déodorant

peili

le miroir

käsipeili

le miroir cosmétique

partaveitsi

le rasoir

partavaahto

la mousse à raser

partavesi

l'après-rasage

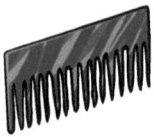

kampa

la peigne

harja

la brosse

hiustenkuivaaja

le sèche-cheveux

hiuslakka

la laque pour cheveux

meikki

le fond de teint

huulipuna

le rouge à lèvres

kynsilakka

le vernis à ongles

pumpuli

l'ouate

kynsisakset

le coupe-ongles

hajuvesi

le parfum

kosmetiikkalaukku

la trousse de toilette

jakkara

le tabouret

vaaka

la balance

kylpytakki

le peignoir

kumihansikkaat

les gants de nettoyage

tamponi

le tampon

terveysside

s serviettes hygiéniques

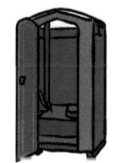

kemiallinen wc

la toilette chimique

lastenhuone

la chambre d'enfant

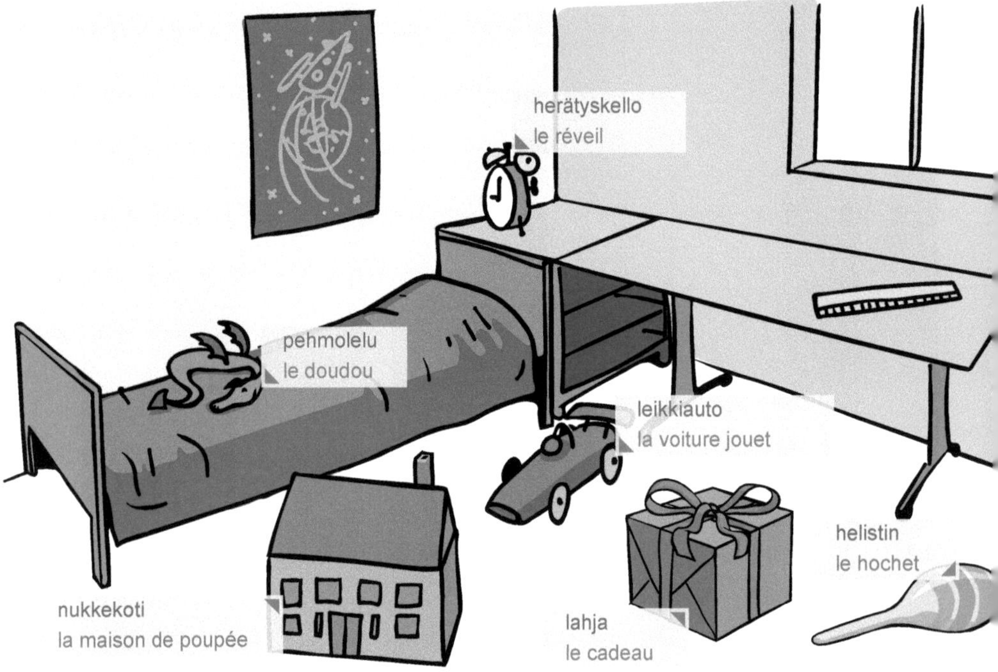

herätyskello
le réveil

pehmolelu
le doudou

leikkiauto
la voiture jouet

helistin
le hochet

nukkekoti
la maison de poupée

lahja
le cadeau

ilmapallo
le ballon

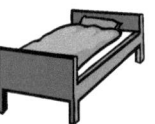

sänky
le lit

lastenvaunut
la poussette

korttipeli
le jeu de cartes

palapeli
le puzzle

sarjakuva
la bande dessinée

legopalikat

les pièces lego

rakennuspalikat

les blocs de construction

supersankari

la figurine

potkupuku

la grenouillère

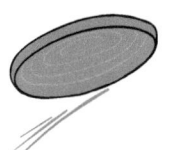

frisbee

le frisbee

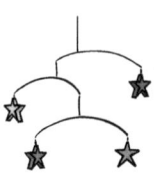

mobile

le mobile

lautapeli

le jeu de société

noppa

le dé

pienoisjunarata

le train miniature

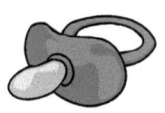

tutti

la sucette

juhlat

la fête

kuvakirja

le livre d'images

pallo

la balle

nukke

la poupée

leikkiä

jouer

hiekkalaatikko

le bac à sable

keinu

la balançoire

lelut

les jouets

pelikonsoli

la console de jeu

kolmipyörä

le tricycle

nalle

l'ours en peluche

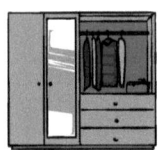

vaatekaappi

l'armoire

vaatteet
les vêtements

sukat

les chaussettes

nylonsukat

les bas

sukkahousut

le collant

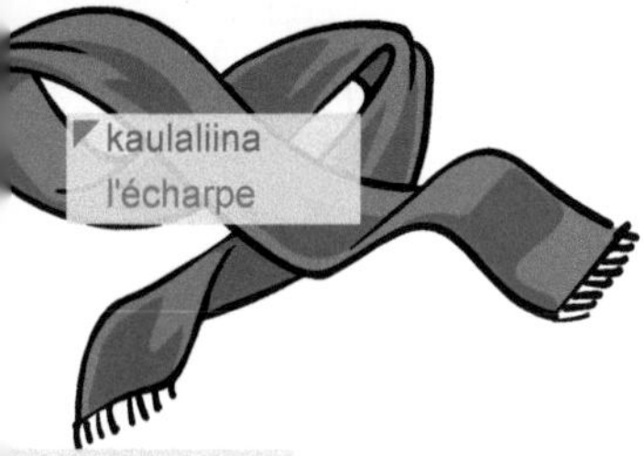

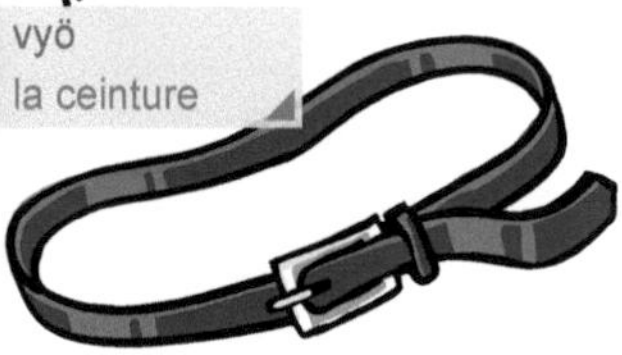

kaulaliina
l'écharpe

sateenvarjo
le parapluie

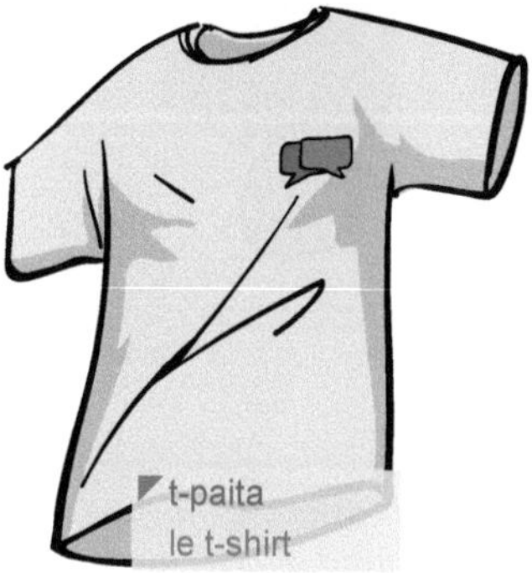

vyö
la ceinture

t-paita
le t-shirt

saappaat
les bottes

sisätossut
les pantoufles

lenkkarit
les baskets

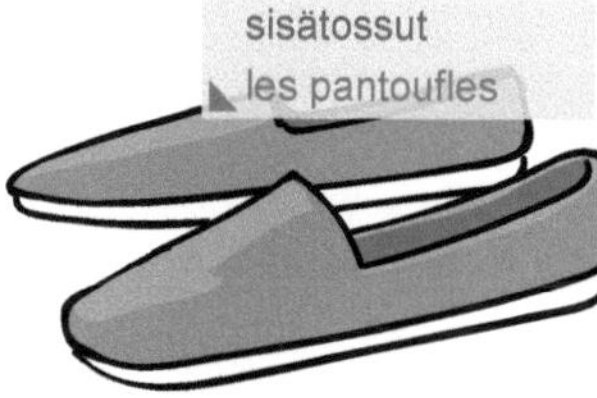

sandaalit
les sandales

kengät
les chaussures

kumisaappaat
les bottes de caoutchouc

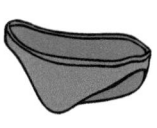

alushousut
le linge de corps

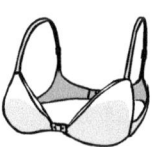

rintaliivit
le soutien-gorge

aluspaita
le maillot de corps

vaatteet - les vêtements

45

body
....
le body

housut
....
le pantalon

farkut
....
le jean

hame
....
la jupe

pusero
....
le chemisier

paita
....
la chemise

villapaita
....
le pull

collegepaita
....
le pull-over à capuche

jakku
....
la veste

takki
....
la veste

takki
....
le manteau

sadetakki
....
l'imperméable

puku
....
le costume

mekko
....
la robe

hääpuku
....
la robe de mariée

puku
le costume

yöpaita
la chemise de nuit

pyjama
le pyjama

shari
le sari

päähuivi
le foulard

turbaani
le turban

burka
la burqa

kaftaani
le caftan

abaya
l'abaya

uimapuku
le maillot de bain

uimahousut
le costume de bain

shortsit
les cuissettes

verkkarit
la tenue d'entraînement

esiliina
le tablier

käsineet
les gants

vaatteet - les vêtements

nappi

le bouton

silmälasit

les lunettes

rannekoru

le bracelet

kaulakoru

le collier

sormus

la bague

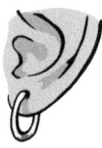

korvakoru

la boucle d'oreille

lippalakki

le bonnet

ripustin

le cintre

hattu

le chapeau

solmio

la cravate

vetoketju

la fermeture éclair

kypärä

le casque

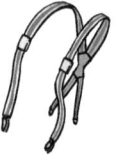

henkselit

les bretelles

koulupuku

l'uniforme scolaire

univormu

l'uniforme

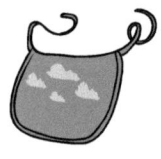

ruokalappu

le bavoir

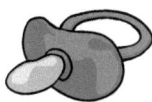

tutti

la sucette

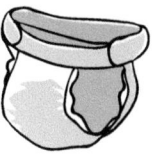

vaippa

la couche

toimisto

le bureau

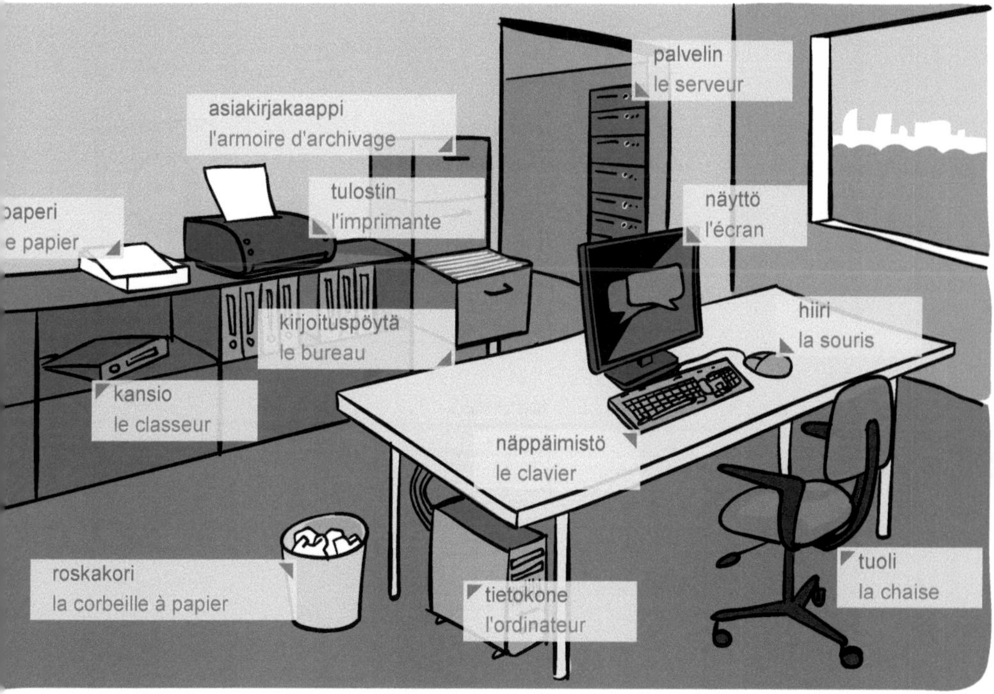

palvelin
le serveur
asiakirjakaappi
l'armoire d'archivage
paperi
e papier
tulostin
l'imprimante
näyttö
l'écran
kirjoituspöytä
le bureau
hiiri
la souris
kansio
le classeur
näppäimistö
le clavier
roskakori
la corbeille à papier
tietokone
l'ordinateur
tuoli
la chaise

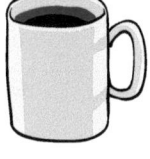

kahvimuki

la tasse à café

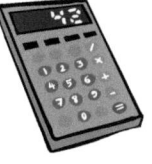

taskulaskin

la calculatrice

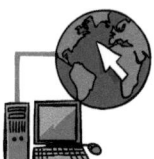

internet

l'internet

kannettava tietokone

l'ordinateur portable

kirje

la lettre

viesti

le message

kännykkä

le portable

verkko

le réseau

kopiokone

la photocopieuse

ohjelmisto

le logiciel

puhelin

le téléphone

pistorasia

la prise

faksi

le fax

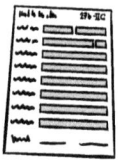

lomake

le formulaire

asiakirja

le document

ostaa

acheter

maksaa

payer

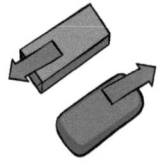

vaihtaa

marchander

raha

la monnaie

 **USD**

dollari

le dollar

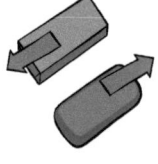 **EUR**

euro

l'euro

JPY

jeni

le yen

RUB

rupla

le rouble

CHF

frangi

le franc suisse

CNY

renminbi juan

le renminbi yuan

INR

rupia

la roupie

pankkiautomaatti

le distributeur automatique

rahanvaihto

le bureau de change

kulta

l'or

hopea

l'argent

öljy

le pétrole

energia

l'énergie

hinta

le prix

sopimus

le contrat

vero

la taxe

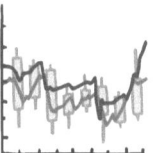

osake

l'action

työskennellä

travailler

työntekijä

l'employé

työnantaja

l'employeur

tehdas

l'usine

liike

le magasin

talous - l'économie

poliisi
l'agent de police

palomies
le pompier

kokki
le cuisinier

lääkäri
le médecin

lentäjä
le pilote

puutarhuri
le jardinier

puuseppä
le menuisier

ompelija
la couturière

tuomari
le juge

kemisti
le chimiste

näyttelijä
l'acteur

linja-autonkuljettaja

le conducteur de bus

taksinkuljettaja

le chauffeur de taxi

kalastaja

le pêcheur

siivooja

la femme de ménage

katontekijä

le couvreur

tarjoilija

le serveur

metsästäjä

le chasseur

maalari

le peintre

leipuri

le boulanger

sähköasentaja

l'électricien

rakentaja

l'ouvrier

insinööri

l'ingénieur

teurastaja

le boucher

putkiasentaja

le plombier

postinjakaja

le facteur

sotilas

le soldat

arkkitehti

l'architecte

kassanhoitaja

le caissier

floristi

le fleuriste

kampaaja

le coiffeur

konduktööri

le contrôleur

mekaanikko

le mécanicien

kapteeni

le capitaine

hammaslääkäri

le dentiste

tiedemies

le scientifique

rabbi

le rabbin

imaami

l'imam

munkki

le moine

pappi

le prêtre

työkalut
les outils

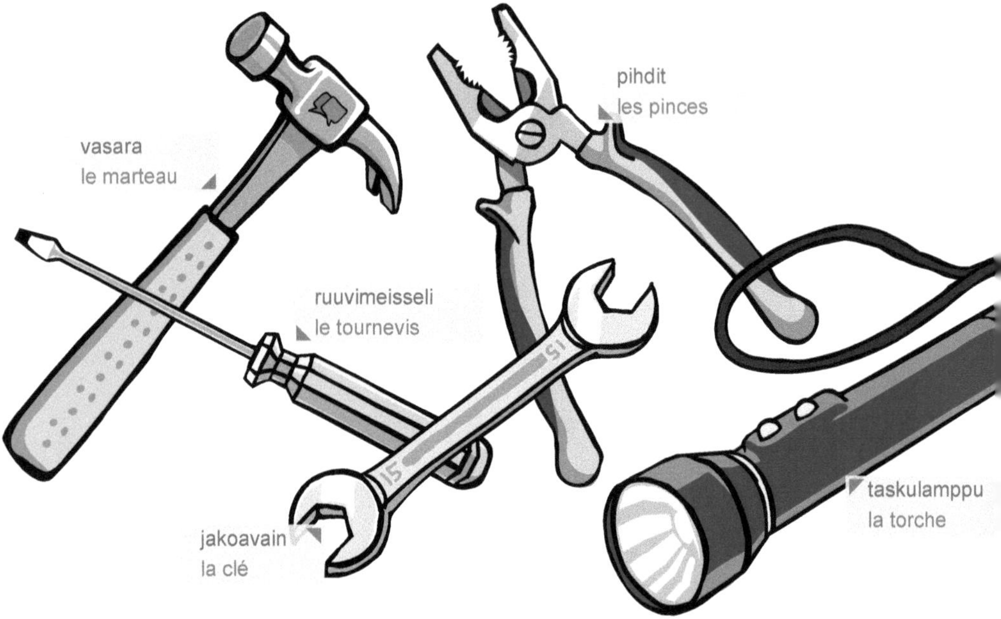

vasara
le marteau
pihdit
les pinces
ruuvimeisseli
le tournevis
jakoavain
la clé
taskulamppu
la torche

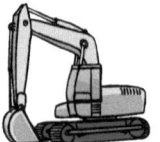

kaivinkone

la pelleteuse

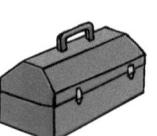

työkalupakki

la boîte à outils

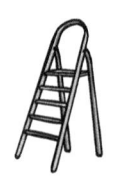

tikkaat

l'échelle

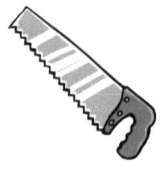

saha

la scie

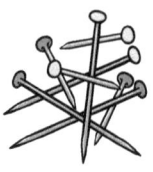

naulat

les clous

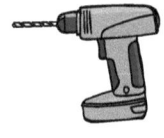

pora

la perceuse

korjata	lapio	Hitto!
réparer	la pelle	Mince!
		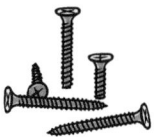
rikkalapio	maalipurkki	ruuvit
la pelle	le pot de peinture	les vis

soittimet
les instruments de musique

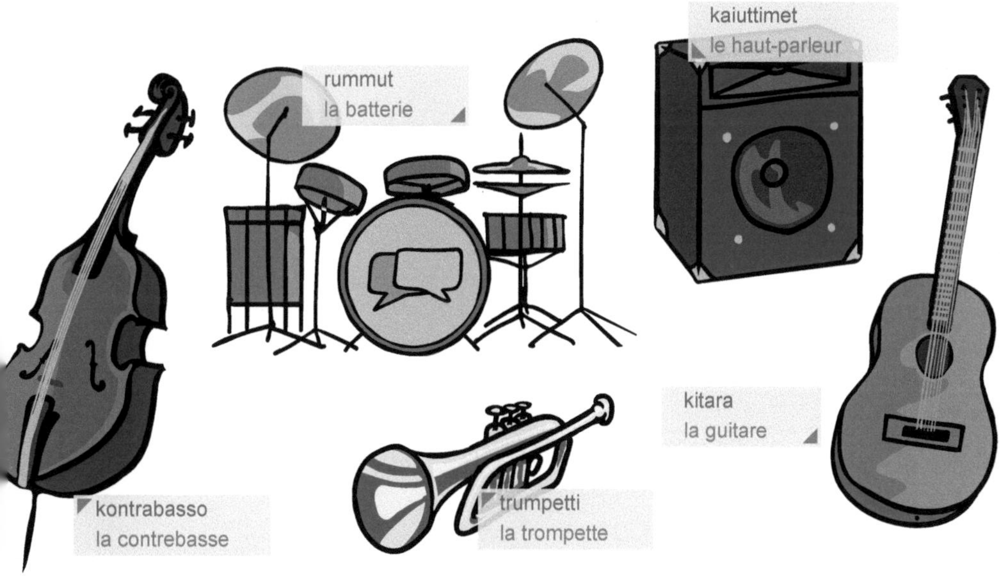

kaiuttimet
le haut-parleur

rummut
la batterie

kitara
la guitare

kontrabasso
la contrebasse

trumpetti
la trompette

piano

le piano

viulu

le violon

basso

la basse

patarummut

les timbales

rumpu

le tambour

kosketinsoitin

le piano électrique

saksofoni

le saxophone

huilu

la flûte

mikrofoni

le microphone

eläintarha

le zoo

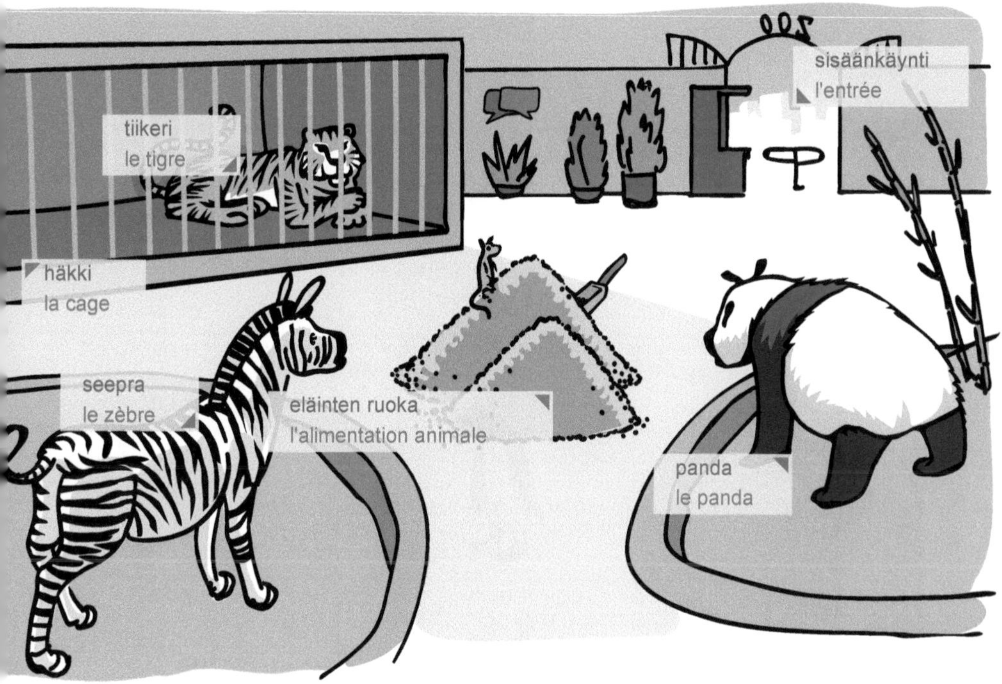

tiikeri
le tigre
sisäänkäynti
l'entrée
häkki
la cage
seepra
le zèbre
eläinten ruoka
l'alimentation animale
panda
le panda

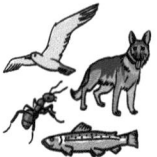

eläimet

les animaux

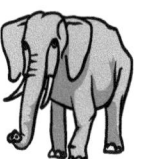

norsu

l'éléphant

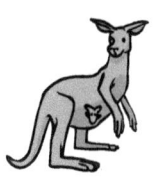

kenguru

le kangourou

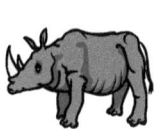

sarvikuono

le rhinocéros

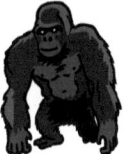

gorilla

le gorille

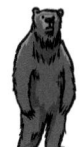

karhu

l'ours

kameli
le chameau

strutsi
l'autruche

leijona
le lion

apina
le singe

flamingo
le flamand rose

papukaija
le perroquet

jääkarhu
l'ours polaire

pingviini
le pingouin

hai
le requin

riikinkukko
le paon

käärme
le serpent

krokotiili
le crocodile

eläintarhanhoitaja
le gardien de zoo

hylje
le phoque

jaguaari
le jaguar

eläintarha - le zoo

poni
le poney

leopardi
le léopard

virtahepo
l'hippopotame

kirahvi
la girafe

kotka
l'aigle

villisika
le sanglier

kala
le poisson

kilpikonna
la tortue

mursu
le morse

kettu
le renard

gaselli
la gazelle

amerikkalainen jalkapallo
l'american Football

pyöräily
le cyclisme

tennis
le tennis

koripallo
le basket-ball

uinti
la natation

nyrkkeily
la boxe

jääkiekko
le hockey sur glace

jalkapallo
le football

sulkapallo
le badminton

yleisurheilu
l'athlétisme

käsipallo
le handball

hiihto
le ski

poolo
le polo

aktiviteetit
les activités

nauraa
rire
hypätä
sauter
halata
embrasser
kävellä
marcher
laulaa
chanter
unelmoida
rêver
rukoilla
prier
suudella
faire la bise

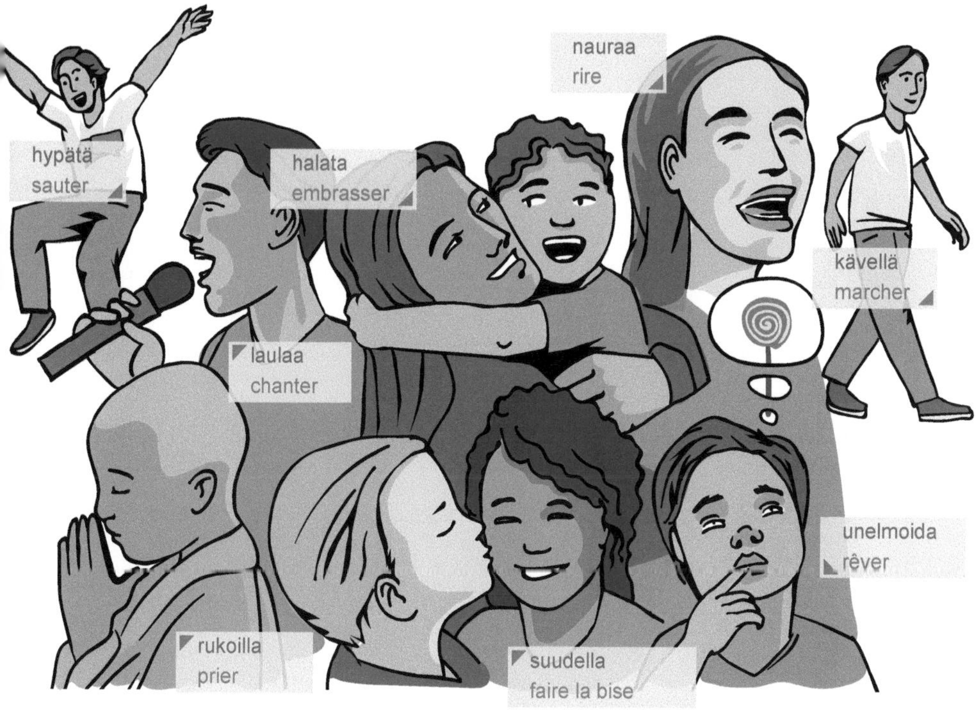

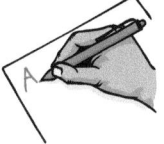

kirjoittaa

écrire

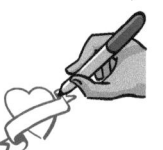

piirtää

dessiner

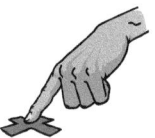

näyttää

montrer

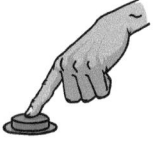

painaa

pousser

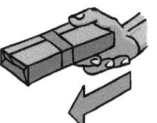

antaa

donner

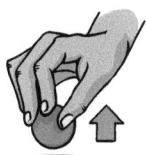

ottaa

prendre

omistaa

avoir

tehdä

faire

olla

être

seisoa

être debout

juosta

courir

vetää

trier

heittää

jeter

kaatua

tomber

maata

être couché

odottaa

attendre

kantaa

porter

istua

être assis

pukeutua

s'habiller

nukkua

dormir

herätä

se réveiller

katsoa

regarder

itkeä

pleurer

silittää

caresser

kammata

peigner

puhua

parler

ymmärtää

comprendre

kysyä

demander

kuunnella

écouter

juoda

boire

syödä

manger

siivota

ranger

rakastaa

aimer

keittää

cuire

ajaa

conduire

lentää

voler

purjehtia

faire de la voile

laskea

calculer

lukea

lire

oppia

apprendre

työskennellä

travailler

mennä naimisiin

se marier

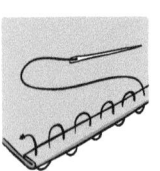

ommella

coudre

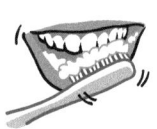

pestä hampaat

se brosser les dents

tappaa

tuer

tupakoida

fumer

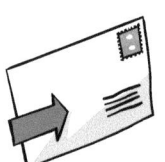

lähettää

envoyer

mmo
grand-mère

ukki
le grand-père

isä
le père

äiti
la mère

vauva
le bébé

tytär
la fille

poika
le fils

vieras

l'hôte

täti

la tante

setä

l'oncle

veli

le frère

sisko

la sœur

vartalo

le corps

otsa
le front
silmä
l'œil
olkapää
l'épaule
sormet
le doigt
kasvot
le visage
leuka
le menton
käsi
la main
jalka
la jambe
rinta
la poitrine
käsivarsi
le bras

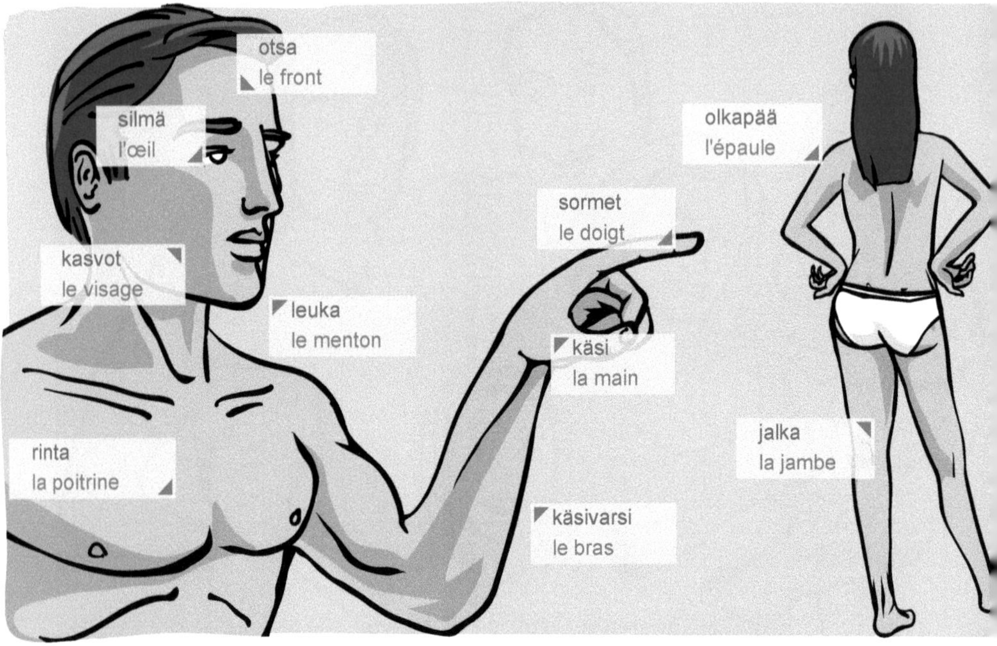

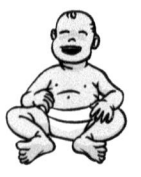

vauva

le bébé

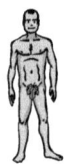

mies

l'homme

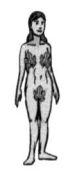

nainen

la femme

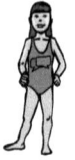

tyttö

la fille

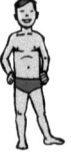

poika

le garçon

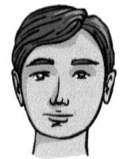

pää

la tête

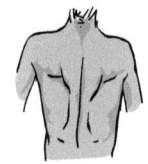

selkä
le dos

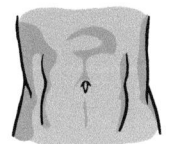

maha
le ventre

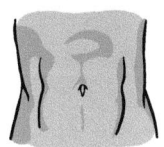

napa
le nombril

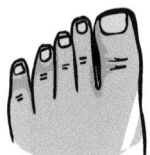

varvas
l'orteil

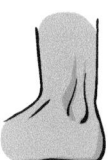

kantapää
le talon

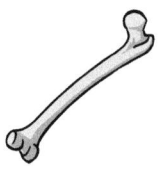

luu
l'os

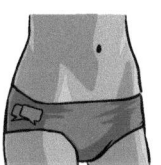

lantio
la hanche

polvi
le genou

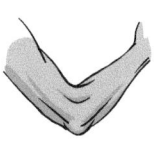

kyynärpää
le coude

nenä
le nez

takapuoli
les fesses

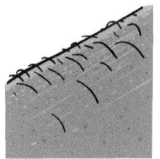

iho
la peau

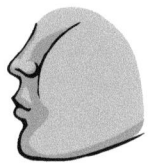

poski
la joue

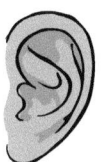

korva
l'oreille

huuli
la lèvre

suu

la bouche

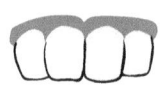

hammas

la dent

kieli

la langue

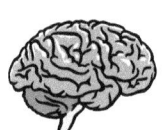

aivot

le cerveau

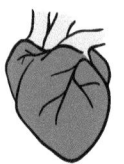

sydän

le cœur

lihas

le muscle

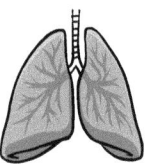

keuhkot

les poumons

maksa

le foie

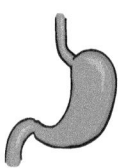

vatsa

l'estomac

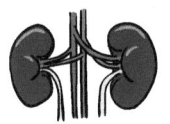

munuaiset

les reins

seksi

le rapport sexuel

kondomi

le préservatif

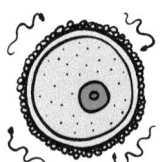

munasolu

l'ovule

sperma

le sperme

raskaus

la grossesse

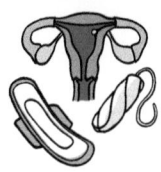

kuukautiset

la menstruation

vagina

le vagin

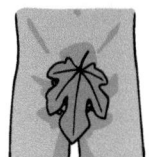

penis

le pénis

kulmakarvat

le sourcil

hiukset

les cheveux

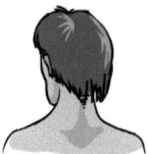

niska

le cou

sairaala
l'hôpital

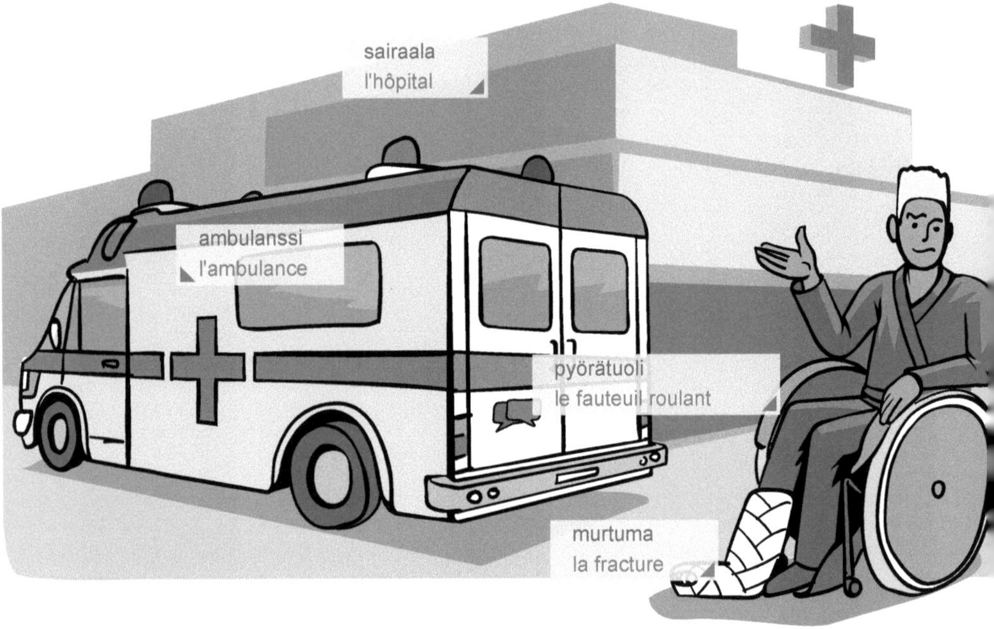

sairaala
l'hôpital
ambulanssi
l'ambulance
pyörätuoli
le fauteuil roulant
murtuma
la fracture

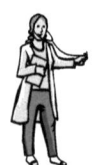

lääkäri

le médecin

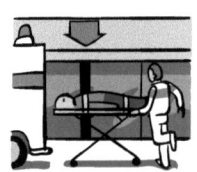

ensiapu

le service des urgences

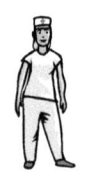

sairaanhoitaja

l'infirmière

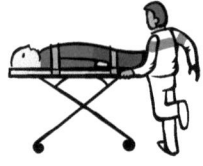

hätätilanne

l'urgence

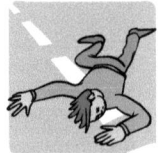

tajuton

inconscient

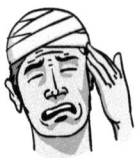

kipu

la douleur

vamma

la blessure

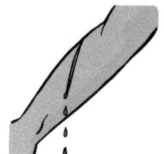

verenvuoto

l'hémorragie

sydänkohtaus

la crise cardiaque

aivoinfarkti

l'attaque cérébrale

allergia

l'allergie

yskä

la toux

kuume

la fièvre

flunssa

la grippe

ripuli

la diarrhée

päänsärky

le mal de tête

syöpä

le cancer

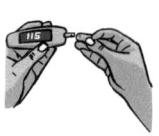

diabetes

le diabète

kirurgi

le chirurgien

veitsi

le scalpel

leikkaus

l'opération

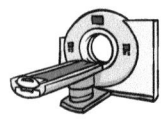

ct
le CT

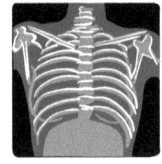

röntgen
la radiographie

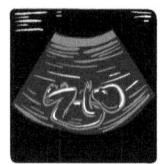

ultraääni
l'échographie

maski
le masque

sairaus
la maladie

odotushuone
la salle d'attente

sauva
la béquille

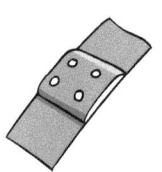

laastari
le pansement

side
le pansement

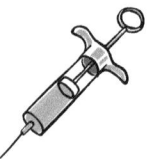

pistos
l'injection

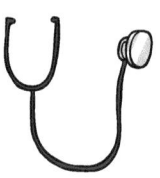

stetoskooppi
le stéthoscope

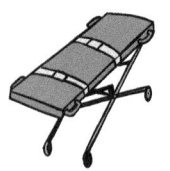

paarit
le brancard

kuumemittari
le thermomètre

syntymä
l'accouchement

ylipaino
le surpoids

kuulolaite
l'appareil auditif

desinfiointiaine
le désinfectant

infektio
l'infection

virus
le virus

HIV / AIDS
le VIH / le sida

lääke
le médicament

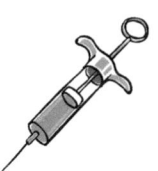

rokotus
la vaccination

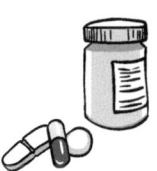

tabletit
les tablettes

pilleri
la pilule

hätäpuhelu
l'appel d'urgence

verenpainemittari
le tensiomètre

sairas / terve
malade / sain

Apua!

Au secours!

hälytys

l'alarme

ryöstö

l'agression

hyökkäys

l'attaque

vaara

le danger

hätäuloskäynti

la sortie de secours

Tulipalo!

Au feu!

palosammutin

l'extincteur

onnettomuus

l'accident

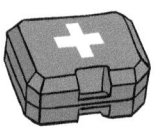

ensiapulaukku

la trousse de premier
secours

SOS

SOS

poliisilaitos

la police

Eurooppa

l'Europe

Pohjois-Amerikka

l'Amérique du Nord

Etelä-Amerikka

l'Amérique du Sud

Afrikka

l'Afrique

Aasia

l'Asie

Australia

l'Australie

Atlantin valtameri

l'Océan atlantique

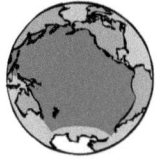

Tyynimeri

l'Océan pacifique

Intian valtameri

l'Océan indien

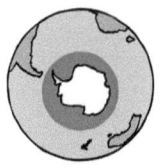

Eteläinen jäämeri

l'Océan antarctique

Pohjoinen jäämeri

l'Océan arctique

pohjoisnapa

le Pôle nord

etelänapa

le Pôle sud

Antarktis

l'Antarctique

maa

la terre

maa

le pays

meri

la mer

saari

l'île

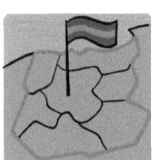

kansa

la nation

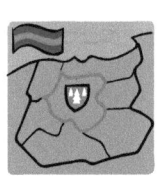

osavaltio

l'état

kellotaulu

le cadran

tuntiviisari

l'aiguille des heures

minuuttiviisari

l'aiguille des minutes

sekuntiviisari

l'aiguille des secondes

Paljonko kello on?

Quelle heure est-il?

päivä

le jour

aika

le temps

nyt

maintenant

digitaalikello

la montre digitale

minuutti

la minute

tunti

l'heure

viikko
la semaine

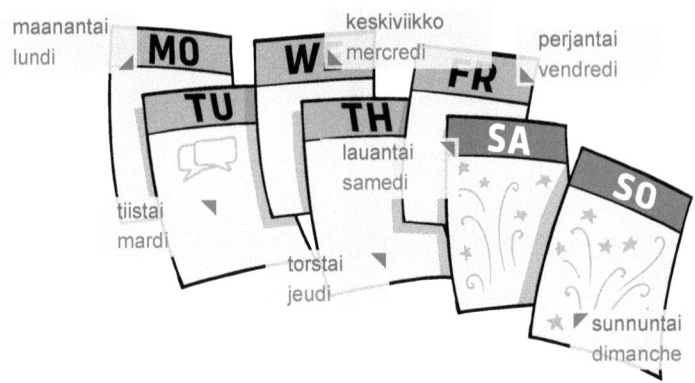

maanantai
lundi

keskiviikko
mercredi

perjantai
vendredi

lauantai
samedi

tiistai
mardi

torstai
jeudi

sunnuntai
dimanche

eilen
hier

tänään
aujourd'hui

huomenna
demain

aamu
le matin

keskipäivä
le midi

ilta
le soir

työpäivät
les jours ouvrables

viikonloppu
le week-end

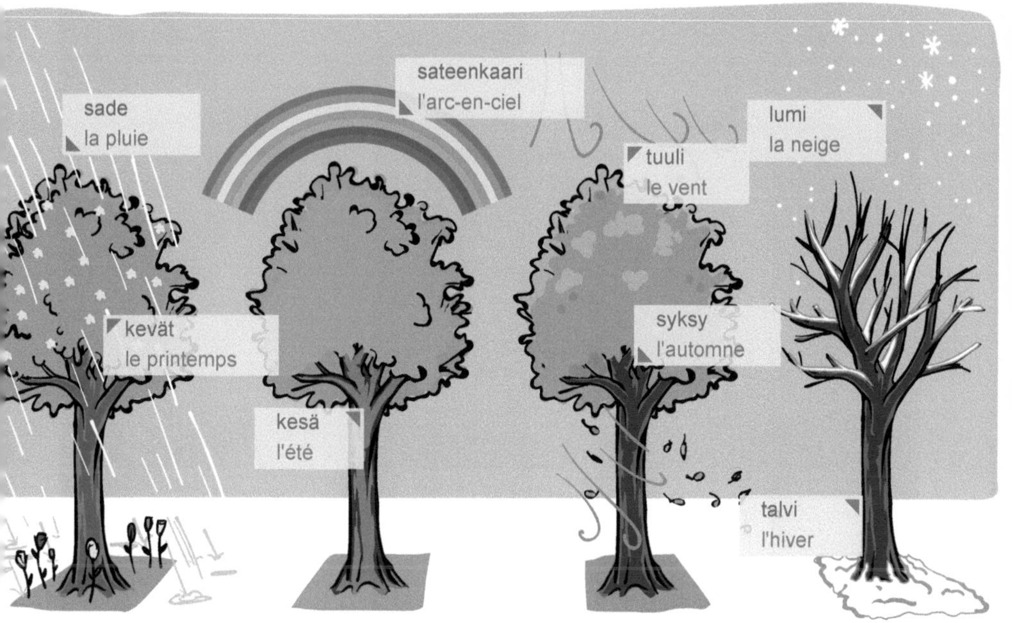

sateenkaari
l'arc-en-ciel
sade
la pluie
lumi
la neige
tuuli
le vent
kevät
le printemps
syksy
l'automne
kesä
l'été
talvi
l'hiver

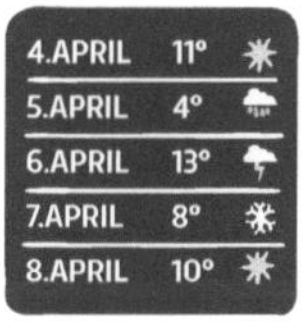

4.APRIL 11°
5.APRIL 4°
6.APRIL 13°
7.APRIL 8°
8.APRIL 10°

sääennuste

la météo

F C
120 40
90 30
60 20
30 10
0 0
-30 -10
-20

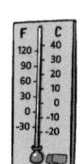

lämpömittari

le thermomètre

auringonpaiste

la lumière du soleil

pilvi

le nuage

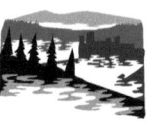

sumu

le brouillard

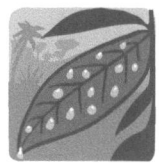

ilmankosteus

l'humidité

salama

la foudre

ukkonen

le tonnerre

myrsky

la tempête

rae

la grêle

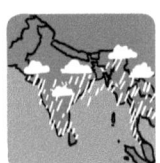

monsuuni

la mousson

tulva

l'inondation

jää

la glace

tammikuu

janvier

helmikuu

février

maaliskuu

mars

huhtikuu

avril

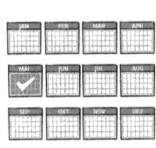

toukokuu

mai

kesäkuu

juin

heinäkuu

juillet

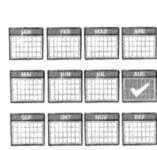

elokuu

août

vuosi - l'année

syyskuu

septembre

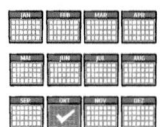

lokakuu

octobre

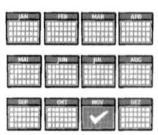

marraskuu

novembre

joulukuu

décembre

muodot
les formes

ympyrä

le cercle

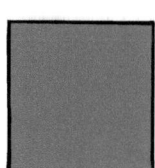

neliö

le carré

suorakulmio

le rectangle

kolmio

le triangle

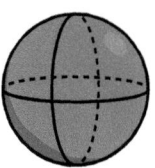

pallo

la sphère

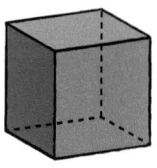

kuutio

le cube

valkoinen

blanc

keltainen

jaune

oranssi

orange

vaaleanpunainen

rose

punainen

rouge

violetti

violet

sininen

bleu

vihreä

vert

ruskea

marron

harmaa

gris

musta

noir

paljon / vähän
beaucoup / peu

vihainen / ystävällinen
fâché / calme

kaunis / ruma
joli / laid

alku / loppu
le début / la fin

suuri / pieni
grand / petit

vaalea / tumma
clair / obscure

veli / sisko
le frère / la sœur

puhdas / likainen
propre / sale

täydellinen / epätäydellinen

complet / incomplet

päivä / yö
le jour / la nuit

kuollut / elävä
mort / vivant

leveä / kapea
large / étroit

syötävä / syömäkelvoton

comestible / incomestible

paha / kiltti

méchant / gentil

innostunut / tylsistynyt

excité / ennuyé

lihava / laiha

gros / mince

ensimmäinen / viimeinen

le premier / le dernier

ystävä / vihollinen

l'ami / l'ennemi

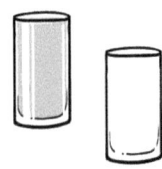

täysi / tyhjä

plein / vide

kova / pehmeä

dur / souple

painava / kevyt

lourd / léger

nälkä / jano

faim / soif

sairas / terve

malade / sain

laiton / laillinen

illégal / légal

älykäs / tyhmä

intelligent / stupide

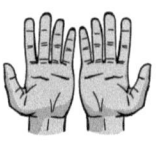

vasen / oikea

gauche / droite

lähellä / kaukana

proche / loin

uusi / käytetty
nouveau / usé

ei mitään / jotain
rien / quelque chose

vanha / nuori
vieux / jeune

päällä / pois päältä
marche / arrêt

auki / kiinni
ouvert / fermé

hiljainen / äänekäs
faible / fort

rikas / köyhä
riche / pauvre

oikein / väärin
correct / incorrect

karhea / sileä
rugueux / lisse

surullinen / iloinen
triste / heureux

lyhyt / pitkä
court / long

hidas / nopea
lent / rapide

märkä / kuiva
mouillé / sec

lämmin / viileä
chaud / froid

sota / rauha
la guerre / la paix

0

nolla

zéro

1

yksi

un

2

kaksi

deux

3

kolme

trois

4

neljä

quatre

5

viisi

cinq

6

kuusi

six

7

seitsemän

sept

8

kahdeksan

huit

9

yhdeksän

neuf

10

kymmenen

dix

11

yksitoista

onze

12

kaksitoista

douze

13

kolmetoista

treize

14

neljätoista

quatorze

15

viisitoista

quinze

16

kuusitoista

seize

17

seitsemäntoista

dix-sept

18

kahdeksantoista

dix-huit

19

yhdeksäntoista

dix-neuf

20

kaksikymmentä

vingt

100

sata

cent

1.000

tuhat

mille

1.000.000

miljoona

le million

englanti

l'anglais

amerikanenglanti

l'anglais américain

mandariinikiina

le chinois mandarin

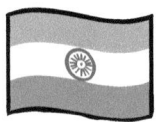

hindi

le hindi

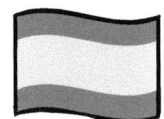

espanja

l'espagnol

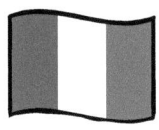

ranska

le français

arabia

l'arabe

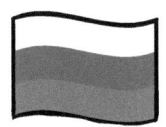

venäjä

le russe

portugali

le portugais

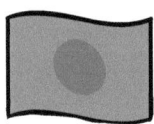

bengali

le bengali

saksa

l'allemand

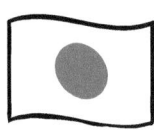

japani

le japonais

minä
je

sinä
tu

hän
il / elle

me
nous

te
vous

he
ils / elles

kuka?
qui?

mitä / mikä?
quoi?

miten?
comment?

missä?
où?

milloin?
quand?

nimi
le nom

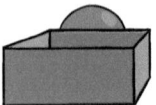

takana
....
derrière

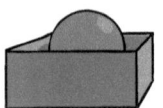

sisällä
....
dans

edessä
....
devant

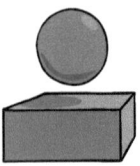

yläpuolella
....
au-dessus

päällä
....
sur

alapuolella
....
en-dessous

vieressä
....
à côté de

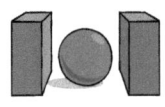

välissä
....
entre

paikka
....
le lieu